赣州市图书馆二〇二〇「三区」人才支持计划馆藏影印丛书

王陽明贛南詩文石刻拓片集

赣州市图书馆　编

江西高校出版社
JIANGXI UNIVERSITIES AND COLLEGES PRESS

图书在版编目（CIP）数据

王阳明赣南诗文石刻拓片集 / 赣州市图书馆编 . —南昌：江西高校出版社，2021.2

（赣州市图书馆 2020“三区”人才支持计划馆藏影印丛书）

ISBN 978-7-5762-0815-3

Ⅰ. ①王… Ⅱ. ①赣… Ⅲ. ①石刻—拓片—中国—明代 Ⅳ. ①K877.42

中国版本图书馆 CIP 数据核字（2021）第 016044 号

WANG YANGMING GANNAN SHIWEN SHIKE TAPIAN JI

出版发行	江西高校出版社
社址	江西省南昌市洪都北大道 96 号
总编室电话	（0791）88504319
销售电话	（0791）88505193
网址	www.juacp.com
印刷	宜春市同茂印务有限公司
经销	全国新华书店
开本	889 mm × 1194 mm 1/16
印张	1.75
字数	16.6 千字
版次	2021 年 2 月第 1 版
印次	2021 年 2 月第 1 次印刷
书号	ISBN 978-7-5762-0815-3
定价	65.00 元

赣版权登字 -07-2021-135

王阳明赣南摩崖石刻手迹

文／周建华

王阳明是中国明代浙江余姚人，是一位继孔子之后的立德、立功、立言「三不朽」的圣人。王阳明的心即理、知行合一、致良知等重要思想，不仅对明代中叶以后中国的思想文化产生了重要影响，对日本文化也产生过较大影响。

赣州，是矗立在中原和岭南之间的一块福地，一方沃土，旷野千里，大山十万，秀水百程，商贾如云，货物如雨，万足践履，冬无寒土。王阳明来到这里，给这方水土带来了骀荡春风，淅淅春雨；带来了文化教化、尊严和荣誉。赣州立府，威振四省；豪强之抑，安定南天；筑城葺垣，强固城池；「良知」之学，德泽民众；「大学」古本，追溯前贤；「啾啾」之吟，千古咏诵；社学书院，教化赣南；乡约俗文，有规可循；魂归滔滔章江水，英灵永驻古城邑。

从某种意义上可以这样说：王阳明毕生的事功学术，成就于赣州，广布于赣州。赣州是王阳明「立德、立功、立言」的重要实践地，是王阳明心学的主要形成地，王阳明「知行合一」思想的主要成熟地。王阳明心学思想的形成有三个重要阶段，这三个阶段对他的「三立」产生了重要的影响：龙场悟道——青年王阳明在这里奠定了王阳明心学思想的基础；赣南践道——中年王阳明的思想在实践中升华；天泉证道——壮年王阳明的思想在演讲中完善。

明清之际思想家黄宗羲曾说：「姚江之学，惟江右为得其传」，且「皆能推原阳明未尽之旨」，故「阳明一生精神，俱在江右」。王阳明与赣州结下不解之缘。王阳明自正德十一年（一五一六）任左佥都御史、赣南巡抚，至正德十五年离开赣州，在短短的四年里，平定了持续十多年，波及江西、福建、广东、湖广数省的乱局，推行了王权德政，教化了赣州百姓，实践了他的「知行合一」「内圣外王」理论，创立了「致良知」

学说，成就了「三立」。嘉靖七年（一五二八）十一月二十九日，王阳明病逝于大余县青龙铺，他的英灵永驻在赣州这块先贤过化之地。

赣州许多地方留下了王阳明的摩崖石刻手迹，如《平茶寮碑》、《平浰头碑》、《平宸濠碑》、赣州通天岩摩崖石刻和观心岩讲学处、龙南玉石岩摩崖石刻、于都罗田岩摩崖石刻等。

《平茶寮碑》作于正德十二年，王阳明剿灭谢志珊一役，大获全胜，攻破起义军据点八十四个，擒斩起义军头目谢志珊、蓝天凤等三十四人，其他起义军军士一千一百四十人，俘虏起义军二千三百人。得胜之后，王阳明在思顺乡桶岗村悬崖绝壁上，立碑纪功，是为《平茶寮碑》。磨石碑刻高三米七五，宽一米八五，碑文为王阳明手书。其云：「正德丁丑，猺寇大起，江、广、湖、郴之间骚然，且四三年，于是上命三省会征，乃十月辛亥，予督江西之兵自南康入。甲寅，破横水、左溪诸巢，贼败奔；庚辛复连战，贼奔桶冈。十一月癸酉，攻桶冈，大战西山界。甲戌又战，贼大溃。丁亥，与湖兵合于上章，尽殪之。凡破巢大小八十有四，擒斩二千余，俘三千六百有奇。释其胁从千有余众，归流亡，使复业。度地居民，凿山开道，以夷险阻。辛丑，师旋。於乎！兵惟凶器，不得已而后用。刻茶寮之石，匪以美成，重举事也。提督军务都御史王守仁书。纪功御史屠侨，监军副使杨璋，参议黄宏，领兵都指挥许清，守备郏文，知府邢珣、伍文定、季敦、唐淳，知县王天与、张戬。随征指挥明德、冯翔、冯廷瑞、谢昶、余恩、姚玺，同知朱宪，推官徐文英、危寿，知县黄文鸑，县丞舒富，千百户高濬、陈伟、郭璘、林节、孟俊、斯泰、尹麟等，及照磨汪德进，经历为沈珵，典史梁仪、张淳并听选等官雷济、萧庾、郭诩、饶宝等，共百有余名。」王阳明又有《茶寮纪事》、《桶冈和邢太守韵二首》刻在《平茶寮碑》的侧面。

《茶寮纪事》诗云：

万壑风泉秋正哀，四山云雾晚初开。不因王事兼程入，安得闲行向北来。
登陟未妨安石兴，纵擒徒羡孔明才。乞身已拟全师日，归扫溪边旧钓台。

《桶冈和邢太守韵二首》云：

其一

处处山田尽入畲，可怜黎庶半无家。兴师正为民痍甚，陟险宁辞鸟道斜。

胜势真如瓴水建，先声不碍岭云遮。穷巢容有遗驱胁，尚恐兵锋或乱加。

其二

戕乱兴师既有民，挥戈真已见风行。岂云薄劣能驱策，实仗皇威自震惊。

烂额尚惭为上客，徙薪尤觉费经营。主恩未报身多病，捷凯须求陇上耕。

王阳明的书法，字迹清劲遒逸，气韵甚高。明代书法家徐渭对王阳明的书法艺术评价极高：「翩翩然风翥而龙蟠，清隽之气朴面而来」。清代书法家钱大昕也盛赞王阳明「书法劲拔，神采苍秀，笔势纵逸」。当代艺术理论家余秋雨对王阳明的书法的评价是：王阳明书法无疑是以王羲之为根基的，其中以得力于《圣教序》为最多，但他又多方汲取宋代书家直到明代李东阳的笔意，更把自己在精神领域所达到的境界浸润到字里行间，一派高贵，一派自由，一派儒雅，一派放逸。人生的感悟、思维的解脱，全都化作了笔墨风度。在书法中寻找王阳明的生命信号，应该是特别准确和亲切的。

《平茶寮碑》是王阳明行体的代表作。《平茶寮碑》涌溢着潇洒俊逸、流畅自如的艺术风格，同时也体现了王阳明的心学理念。

平茶寮碑刻名闻天下，历代名士高流多有记咏。如清代崇义县训导、南丰人刘凝有《游桶冈茶寮碑记》；清人朱航有《王文成公茶寮碑跋》；清代太仆、大余人戴第元有咏王阳明句云：「桶冈天险比秦关，扼吭攻腹肩背削。指挥三军利无疆，绝顶屹立朝天阁。」

于都罗田岩摩崖石刻也刻于正德十二年。

于都县位于赣州至福建的交通要道上，是赣州到福建漳州、汀州（今长汀）的必经之地。王阳明率领军队抗击福建漳、汀农民起义军时，经于都，瑞金，到达汀州，再去漳州。去的时候，军情紧急，行程匆匆，没有在于都停留。回来的时候，汀、漳之寇已平，朝野欢庆，王阳明心里高兴，就在这里略作停留，并写下了《还赣》诗。诗云：

积雨雩都道，山途喜乍晴。溪流迟渡马，冈树隐前旌。
野屋多移灶，穷苗尚阻兵。迎趋勤父老，无苗愧巡行。

龙南玉石岩碑刻刻于正德十三年。

王阳明平定三浰农民起义后，于正德十三年四月又回驻龙南，憩玉石岩，观玉石岩双洞奇绝，徘徊不忍去。因以「阳明小洞天」之号，并留诗六首，刻于石。

其一

百里妖氛一战清，万峰雷雨洗回兵。未能干羽苗顽格，深愧壶浆父老迎。
莫倚谋攻为上策，须还内治是先声。功微不愿希侯赏，但乞蠲输绝横征。

其二

甲马新从鸟道回，览奇还更陟崔嵬。寇平渐喜流移复，春暖兼欣农务开。
两窦高明行日月，九关深黑闭风雷。投簪最好支茅地，恋土犹怀旧钓台。

其三

洞府人寰此最佳，当年空自费青鞋。麾幢旖旎悬仙仗，台殿高低接纬阶。
天巧固应非斧凿，化工无乃太安排。欲将点瑟携童冠，就揽春云结小斋。

其四

阳明山人旧有居，此地阳明景不如。但在乾坤皆逆旅，曾留信宿即吾庐。

行窝已许人先号，别洞何妨我借书。他日巾车还旧隐，应怀兹土复乡闾。

其五

春山随处款归程，古洞幽虚道意生。涧壑风泉时远近，石门萝月自分明。

林僧住久炊遗火，野老忘机席罢争。习静未缘成久歇，却惭尘土逐虚名。

王阳明又有《平浰头碑》，刻于龙南玉石岩。其云：

四省之寇，惟浰尤黠，拟官僭号，潜图孔烝。正德丁丑冬，輋、傜既殄，益机险阱毒，以虞王师。我乃休士，归农以缓之。戊寅正月癸卯，计擒其魁，遂进兵击其懈。丁未，破三浰，乘胜追北。大小三十余战，灭巢三十有八，俘斩三千余。三月丁未，回军。壶浆迎道，耕夫遍野，父老咸欢。农器不陈，于今五年。复我常业，还我室家，伊谁之力？赫赫皇威，匪威曷凭？爰伐山石，用纪厥成。提督军务都御史王守仁书。

通天岩摩崖石刻刻于正德十五年。

通天岩古代石刻主要是由观心岩、忘归岩、龙虎岩、通天岩、翠微岩五个岩洞组成。观心岩乃王阳明讲学的场所，名为「阳明书洞」。此处林木茂盛，道路崎岖，大洞套小洞，风景绝美。王阳明在任赣南巡抚期间，闲暇之时，曾在观心岩结庐讲学，收邹守益等二十三人为弟子，向弟子们讲授「万事万物之理不外乎吾心」「心明就是天理」的心学理论，后人把他讲学之处称为「观心岩」。

在通天岩山腰有一丹霞穿洞，盛夏时节，清风徐徐，令人疲惫顿消，乐不思归，故题名为「忘归岩」。

王阳明在通天岩写下了十二首诗，其中一首刻在通天岩忘归岩的岩壁上，是通天岩一百二十八品摩崖题刻之一，至今仍在，并清晰可见，系通天岩众多摩崖石刻中的珍品。诗云：

青山随地佳，岂必故园好。但得此身闲，尘寰亦蓬岛。
西林日初暮，明月来何早。醉卧石床凉，洞云秋未扫。

诗的后记云：「正德庚辰八月八日，访邹、陈诸子于玉岩题壁。阳明山人王守仁书」。

「正德庚辰」——正德是明武宗年号，正德庚辰为正德十五年，即一五二〇年。后记中提到的「邹陈诸子」指的是王阳明在「观心岩」讲学时侍读的学生邹守益、陈九川等人。

王阳明的这首诗，是对他的理学理念「致良知」的文学诠释。王阳明在写这首诗之前，已经成功平伏了南、赣、汀、漳的农民与流民起义，用王阳明的话来说就是破了「山中贼」；但这还不够，王阳明一生的理想和他所提倡的理学最终目的，是要破人们的「心中贼」。王阳明说「破山中贼易，破心中贼难」；正因为有了「心中贼」，才会产生「山中贼」。王阳明这首诗要告诉人们的道理就是要做到理学家倡导的心神空静，进入「良知」境界，弃凡成圣。青山处处都是美丽的，岂止是故园？只要此心闲，即使是尘寰，也应象蓬莱仙山琼阁一样富有诗情画意。一个「闲」字，注释的是理学家提倡的「静」，是「致良知」的道德修养方法，「静坐息思虑」。西林初暮，明月来早，醉卧石床，秋天已至，洞云未扫，飘飘然一种弃凡成圣的感觉，正是收敛意虑，心神空静的修身养性时光。王阳明一生写过不少诗作，许多诗作都有浓浓的理学意味，体现了他的理学主张。换句话说就是王阳明经常用诗这种文学形式，表达他的深奥的理学主张；用诗的形象思维，表达他的理学的抽象思维，抒发他的性理思考。这首诗，可以说是一首寓性理于诗体的代表作。

圣贤学问不支离，大道光明原一体。「千圣皆过影，良知乃吾师」。愿阳明精神常在，良知之道永存。

王陽明贛南詩文石刻拓片集

羅田巖又名善山
位於雩都貢江南
岸開辟於南北朝
後四百餘年至宋
代乃建華嚴禪院
宋仁宗嘉祐八年
虔州通判周敦頤
巡視雩都蒞羅田
巖山水之勝適縣
令沈希顏之邀同往
一遊賦七絕遊羅田
巖刻於崖壁二百
年後雩都縣令周
頌於善山建濂溪
閣後為濂溪書院

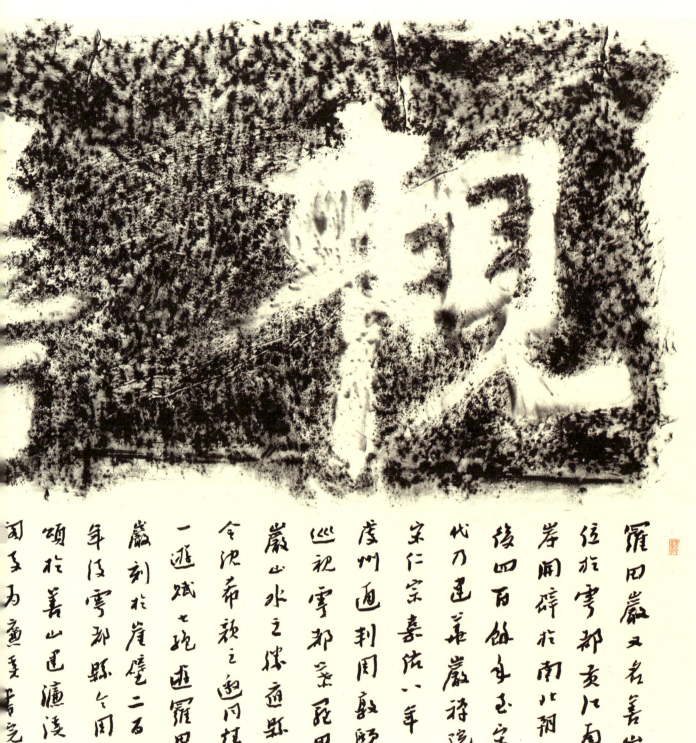

观善岩　（45.2 cm × 130 cm）

王陽明先生清倚江西龍南

明代正德中後期江西南部以及與福建廣東交界處爆發了大規模民變史稱三浰之亂地方官府多次征剿難功而返愈演愈烈之亂震驚了朝廷時任南贛巡撫的王陽明奉旨率軍南下正是這次平亂之行讓這位先哲走進了龍南

王陽明先生題龍南玉石巖五言詩

其一

百里妖氛一戰清
萬峰雷雨洗回兵
未能幹羽苗頑格
深愧壺漿父老迎
莫倚謀攻為上策
還須內治為先聲
功微不願希侯賞
但乞蠲輸絕橫征

其二

甲馬新從鳥道回
覽奇還更陟崔嵬
寇平漸喜流移復
春暖兼欣農務開
兩竇高明行日月
九關深黑閉風雷
投簪最好支茆地

龙南石刻　（74.6 cm × 159 cm）

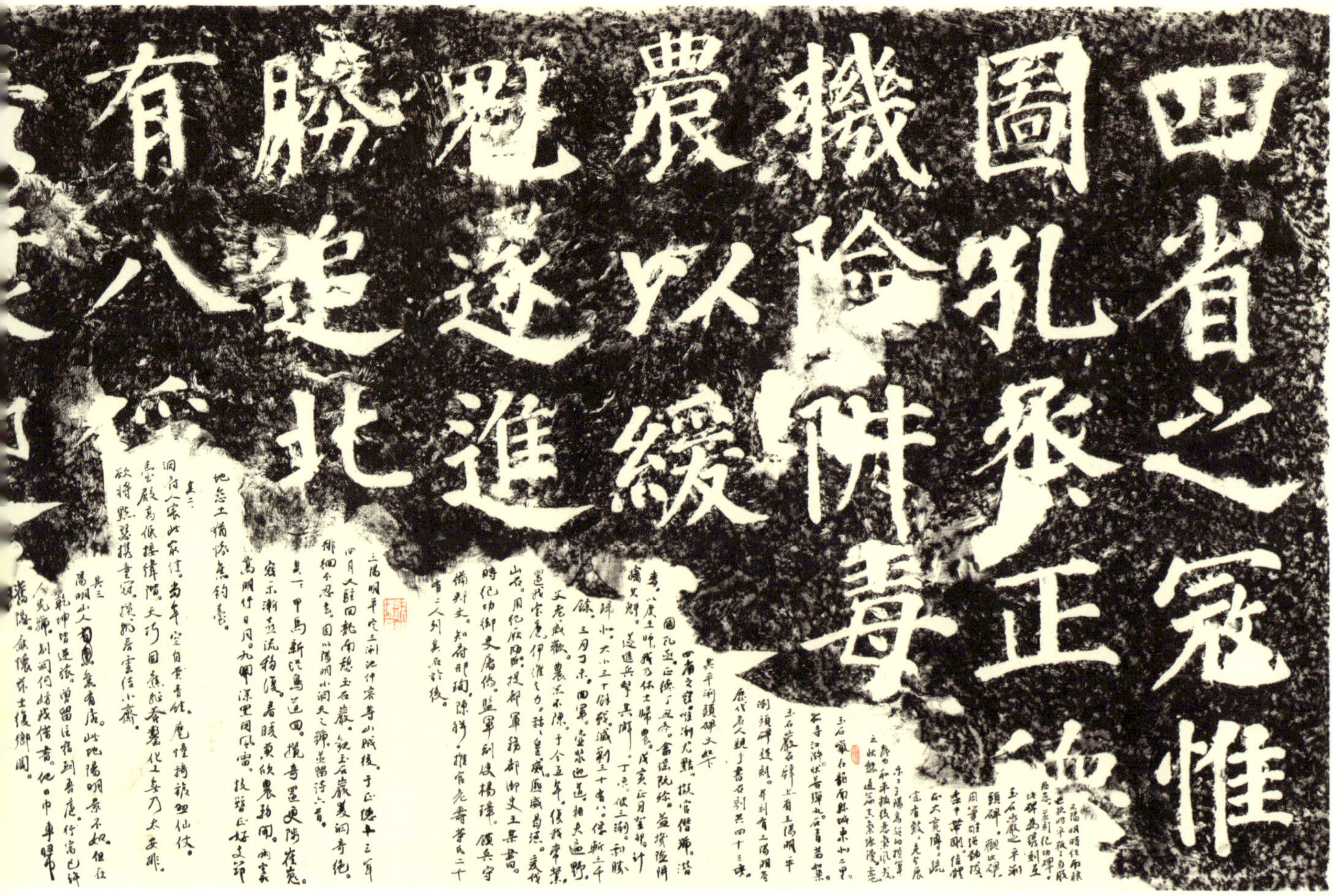
四省之冠惟
圖孔
正
機險附毒
農以緩
遂進
勝追北
有

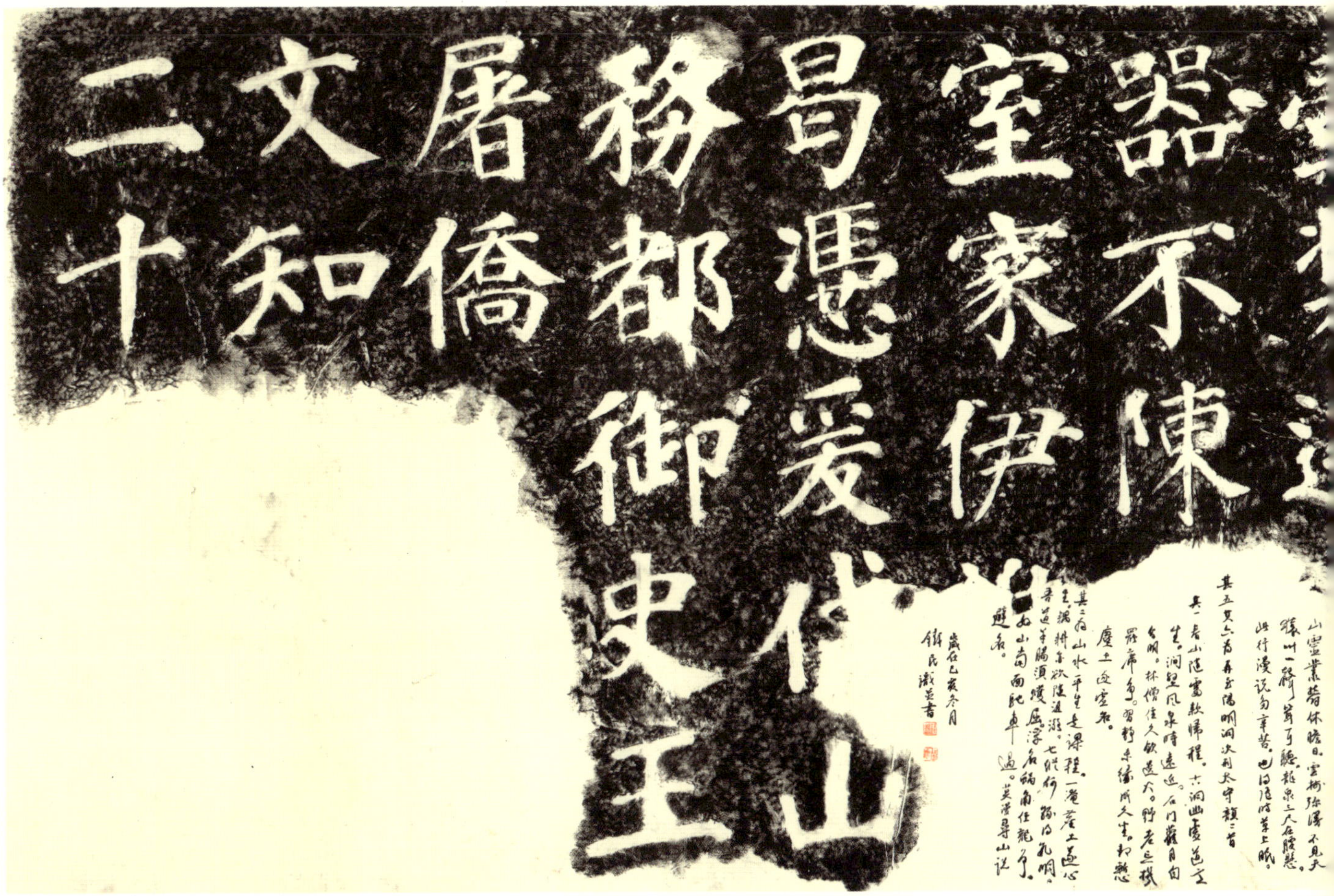

平浰头碑石刻 （100 cm×310.4 cm）

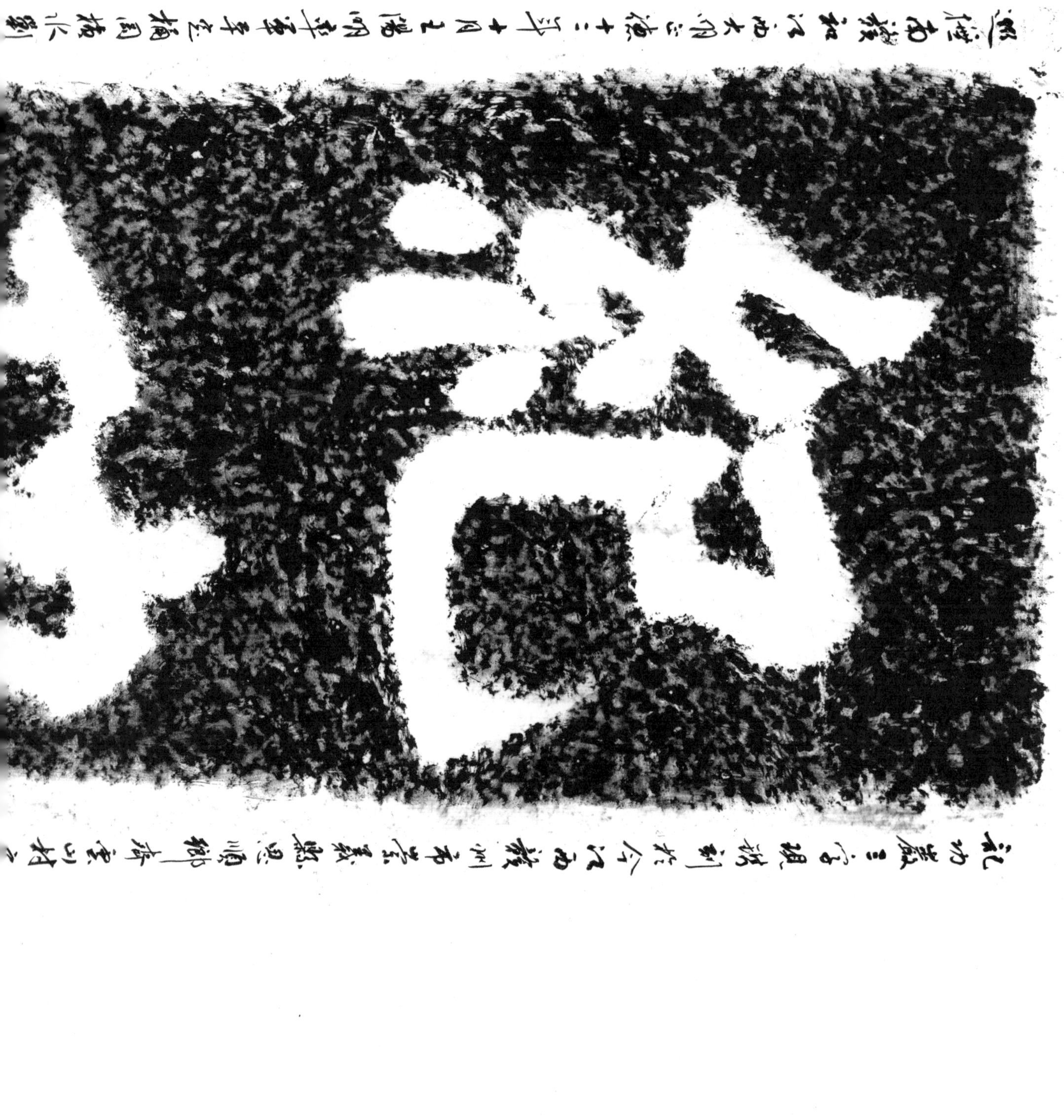

纪功岩 （60 cm × 177.7 cm）

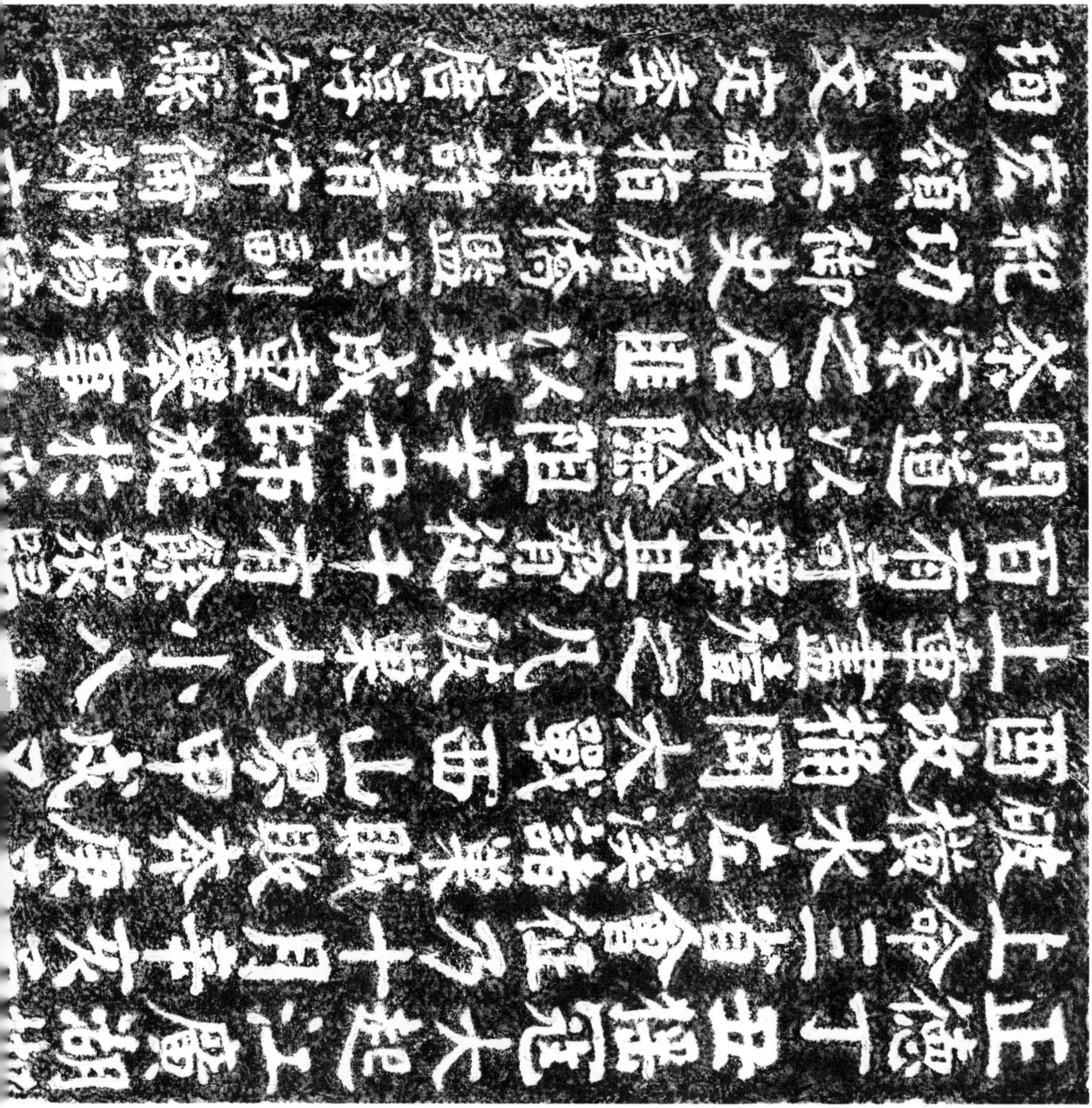

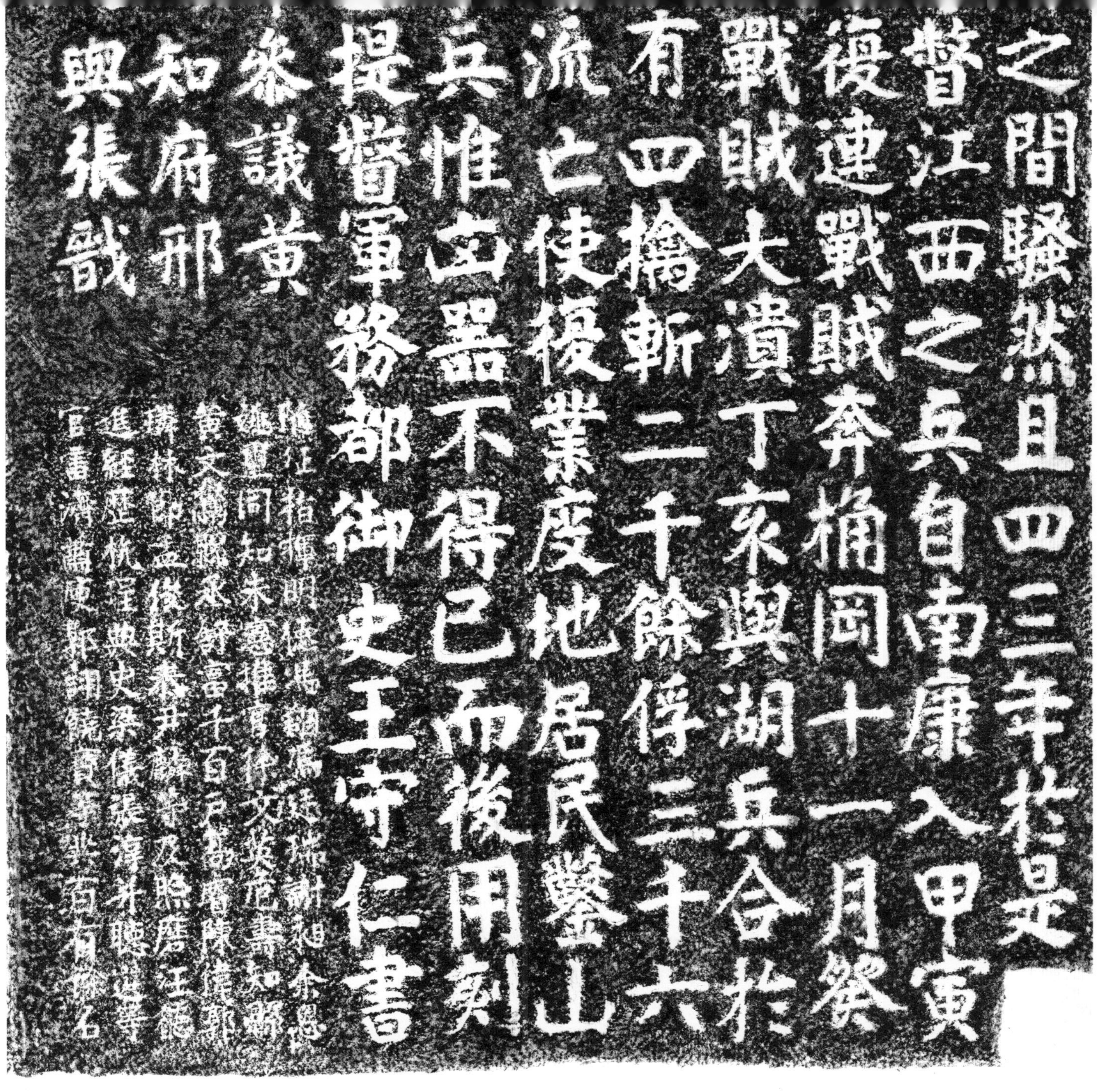

平茶寮碑　（200 cm × 444 cm）

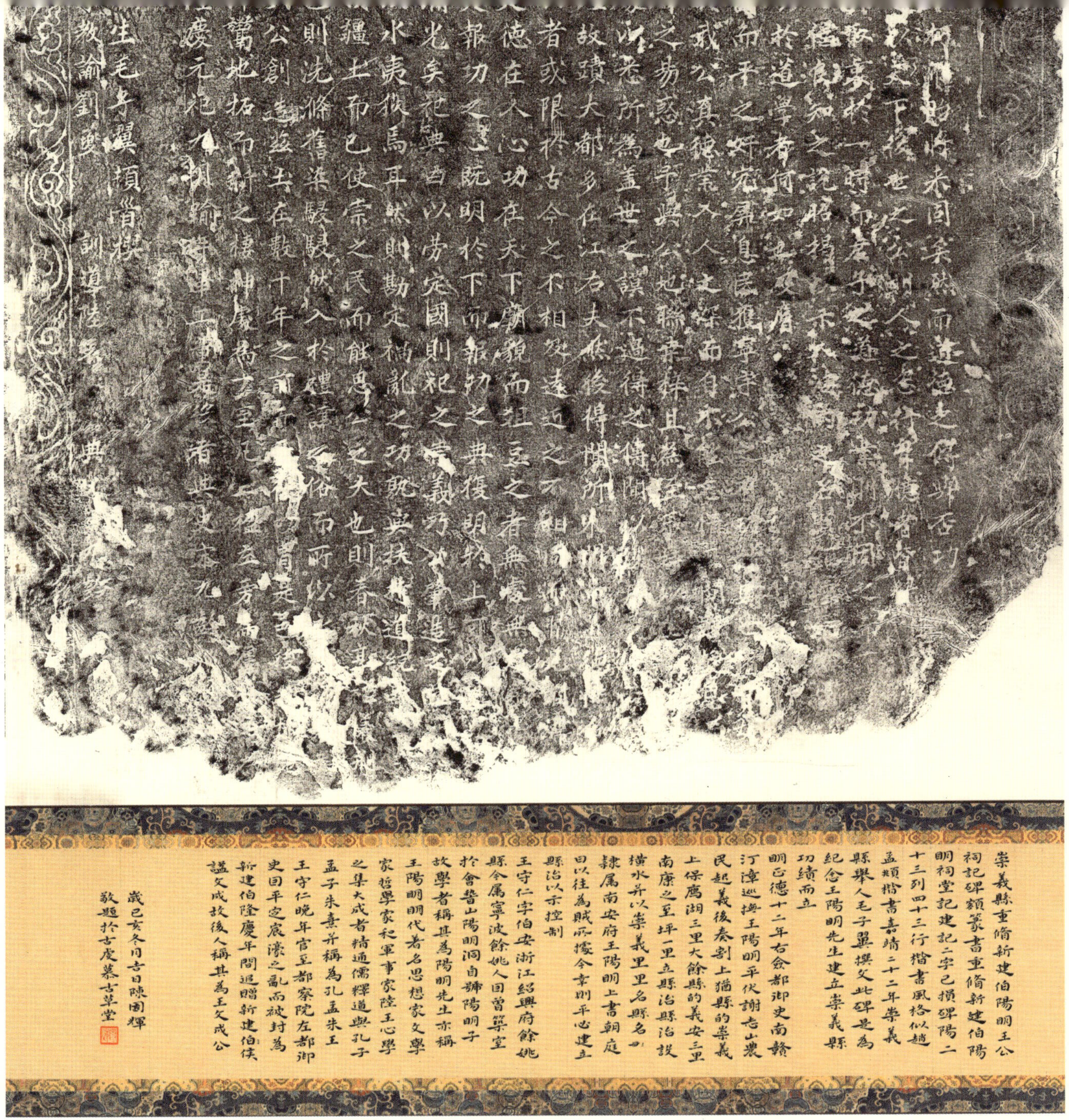

重修新建伯阳明祠堂记　（96 cm × 179 cm）

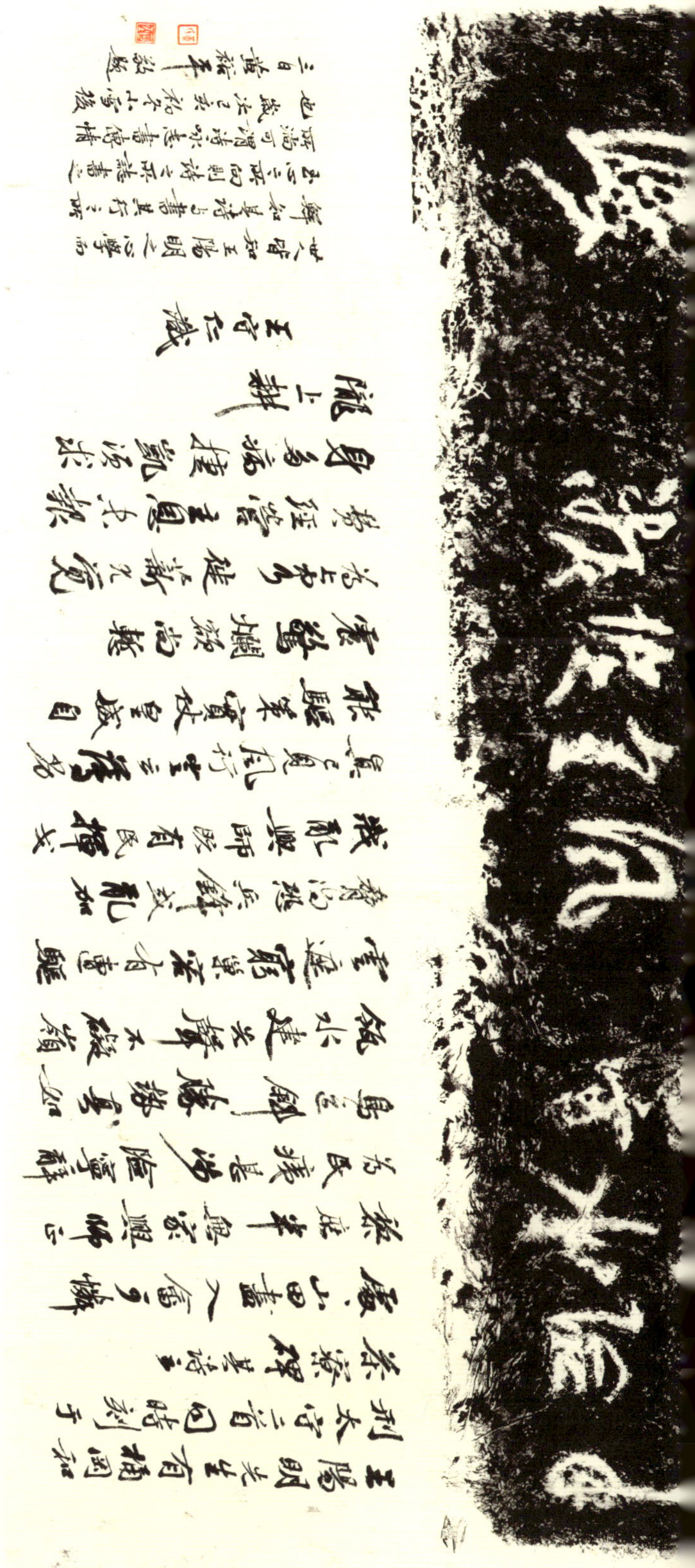

龙南玉石岩草书七律诗　（95 cm × 102cm）

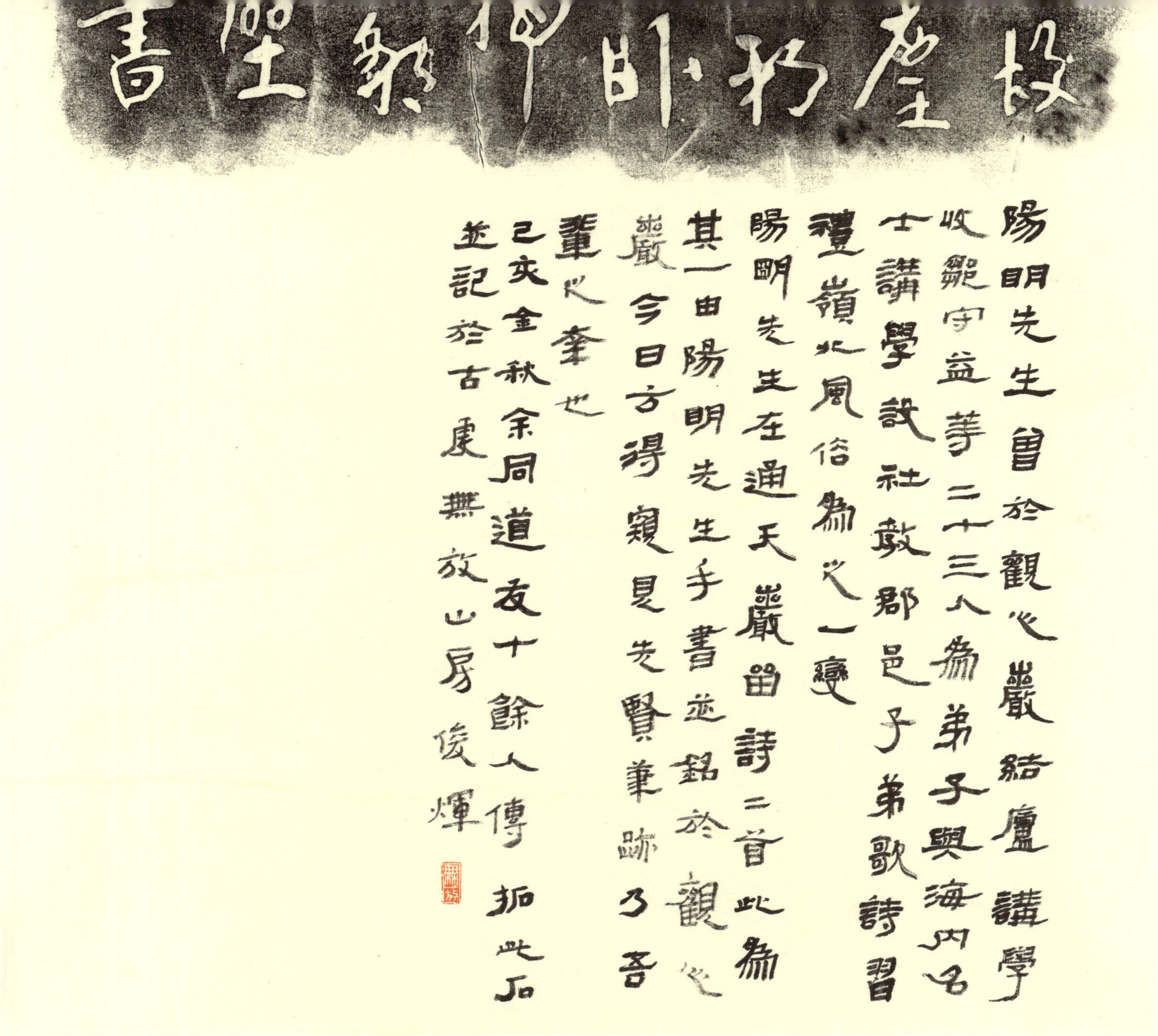
陽明先生曾於觀心巖結廬講學
收衆守益等二十三人為弟子與海内名
士講學試社敦郡邑子弟歌詩習
禮嶺北風俗為之一變
陽明先生在通天巖留詩二首此為
其一由陽明先生手書並銘於觀心
巖今日方得窺見先賢筆跡乃吾
輩之幸也
己亥金秋余同道友十餘人傳拓此石
並記於古虔撫放山房 俊煇

王阳明诗文石刻 （67.7 cm × 75.4 cm）

赣州市图书馆二〇二〇「三区」人才支持计划馆藏影印丛书

王阳明赣南诗文石刻拓片集

绣像绘图牡丹亭（二卷）

黄石斋先生法书真迹

茶山集（八卷）

楚辞（二卷）

赣石录

灵飞经